KB088280

□ㅁ로 배우는

사회성

쑥쑥

화용언어
치료

5

개정판

만화로 배우는

사회성 쑥쑥 화용언어 치료

5

최소영, 허은경 지음

이담 Books

사회성이라는 단어는 그 중요성만큼이나 최근 전문가들, 교육자들, 부모님들에게 큰 화제가 되고 있습니다. 사회성은 어떤 단일한 영역이라기보다는 언어, 인지, 정서 등의 토양 위에 좋은 환경과 교육의 햇살을 받아 자라나는 나무와도 같습니다. 사회성은 적절한 언어기술 위에서 자라나고, 잘 자라난 사회성은 언어로 표현됩니다. 그렇기 때문에 언어의 사용, 즉 화용언어는 매우 중요합니다. 예를 들어, 아이가 친구에게 인사를 하는 지극히 기초적인 과정 속에서도 아이는 어떤 표정으로 어떤 말을 건네며 인사를 해야 할지를 고민해야 합니다. 친구가 간단한 질문이라도 던지면, 대화를 더 이어갈 수 있고 인상을 좋게 하며 관심을 표현할 수 있는 방식으로 대답을 고민해야 합니다. 이처럼 복잡한 소통의 터널을 통과하면서 아이들이 어려움을 겪을 때, 부모와 교사는 아이들에게 다양한 상황들을 유연하게 처리할 수 있는 전략을 가르쳐 주어야 합니다. 이 책을 그런 아이들과 부모, 교사를 위해 드립니다. 이 책이 화용언어가 부족한 아이들이 성장하는 데 디딤돌이 될 수 있길 바랍니다.

목차

본 교재의 특징

본 교재에서는 학령기가 된 아이들이 마주할 수 있는 상황들을 만화로 제시하고, 그 상황에 맞는 적절한 말과 행동들을 연습해 볼 수 있도록 하였습니다.

재미있습니다.

'공부', '수업'이라는 말만 들어도 배가 아프고 등이 가려워 오는 아이들에게 만화로 제공되는 교재는 흥미와 학습동기를 끌어올려 줄 것입니다. 또한 낙서반, 줄 긋기, 자르고 붙이기, 손인형 역할극 등의 다양한 활동으로 복습할 수 있도록 과제를 구성하여 학습의 재미를 더하였습니다. 즐겁게 배우고, 또 기다려지는 수업이 아이들의 생각과 마음을 한 뼘 더 자라게 할 것입니다.

쉽습니다.

책읽기나 어른들의 설명을 통한 배움은 활자나 언어를 이해하는 과정을 거쳐야 합니다. 언어능력·인지능력에 어려움이 있는 아이들에게는 그러한 방식의 배움에서 심리적인 부담감이 더 커질 수밖에 없겠지요. 만화로 제공되는 교재는 언어를 이해하는 복잡한 과정에 대한 부담을 줄이고, 시지각을 통하여 직접적이고 편안하게 상황을 인식할 수 있도록 아이들을 도와줄 것입니다.

실제적입니다.

호랑이를 잡으려면 호랑이 굴로, 대화를 배우려면 대화 속으로 들어가 보는 것이지요. 만화로 제공되는 교재는 대화체의 문장을 사용하므로, 아이들이 자연스러운 구어문장을 배우고 대화능력을 기르는 데 도움이 될 것입니다. 또한 '말하기'에 초점을 맞춘 복습과제와, 아이 스스로 자가점검을 할 수 있도록 돕는 체크리스트 등을 수록하여 좀 더 실제적으로 생활에 적용할 수 있는 교육을 제공하도록 하였습니다.

이렇게 사용하세요

본 책은 다양하고 재미난 활동들로 구성되었습니다. 다음의 활용 방법을 참고해 아이와 재미있게 이야기를 나누면서 아이의 사회성을 길러 주세요.

1 상황 설명

만화 에피소드의 제목을 소개하여 주제를 이해하도록 도움을 줍니다. 또한 만화의 배경에 대한 상황과 주인공들에 대한 짧은 이야기가 수록되어 있습니다. 만화를 보기 전에 아이가 내용에 대해 이해하고 생각해 볼 수 있게 도와주세요. 읽기를 싫어하거나 지루해한다면, 억지로 모든 상황을 읽어 주지 않으셔도 됩니다. 만화는 쉽게 구성되어 있어 배경 상황을 잘 모르더라도 내용을 충분히 이해할 수 있으니 주인공들의 이름 정도만 알려 주셔도 괜찮습니다.

2 만화 읽기

학교에서 벌어질 수 있는 다양한 상황을 주제로 한 재미있는 6컷의 만화들입니다. 읽는 순서는 왼쪽에서 오른쪽으로 읽으시면 됩니다. 만화에는 생각풍선과 말풍선이 있습니다. 생각풍선의 말은 속으로만 생각하는 것이라고 아이에게 설명해 주세요. 아이가 생각하는 대로 재미있게 말풍선을 채워 보시고 나중에 모범 답안과 비교해 보는 것도 좋습니다. 하지만 아이가 잘 생각해 내지 못하거나 틀린다고 해도 우선은 만화 내용을 이해하고 즐기는 것에 중점을 두고 진행해 주세요.

3 빈칸에 들어갈 말 생각하기

앞의 만화의 빈칸에 들어갈 말들을 생각해서 문제를 풀어 보는 활동입니다. 각 질문에 따라서 만화에 들어갈 적절한 말을 다섯 가지 예시 중에서 찾아보게 해 주세요. 그리고 정답이 아닌 다른 네 가지 답은 왜 틀렸는지를 생각하고 이야기해 보도록 해 주세요. 정답이 아닌 네 가지 보기는 엉뚱하거나, 친구의 감정을 상하게 하는 등의 이유로 옳지 못한 표현임을 알려 주세요. 여러 가지 답과 정답을 고려하여 아동의 말로 바꾸어 표현해 보도록 지도해 주세요.

4 이야기 만들기

화용언어 및 또래 관계에 매우 중요한 것 중 하나가 이야기 말하기 능력입니다. 앞의 만화 내용을 보기에 주어진 단어들을 사용하여 다시 말해 보도록 지도해 주세요. 점수를 매기어 활용하시면 아이들에게 동기를 심어 주어 즐겁게 활동하실 수 있습니다. 점수는 개인적으로 주셔도 됩니다. 저희가 제안하는 점수 가이드라인은 다음과 같습니다. 각 단어를 사용하면 +10점, 모든 단어를 사용할 시 +70점, 문법을 잘 맞추어 구성했을 때 +10점, 이야기 내용과 일치하면 +10점, 요약하여 쓰기를 완성하면 +10점, 총 100점입니다.

5 이해와 적용 질문들

만화의 내용을 잘 이해하고 있는지 확인하고, 만화의 내용을 개인적으로 적용해 보는 것을 도와주는 질문입니다. 아이들이 만화에 나온 사회적 개념들을 이해하고 있는지를 확인해 보시고 모르는 부분을 알려 주세요. 자신의 이야기를 해 보는 것을 통해 과거의 경험을 회상하면서 앞으로 어떻게 할지도 생각해 보도록 도와주세요. 아이가 지루해할 수 있는 부분이니 칭찬 등의 강화를 사용해 아이가 즐겁게 문제에 답해 볼 수 있도록 도와주세요.

6 다양한 활동들(선 긋기, 체크리스트, 질문 등)

만화의 내용을 직접 적용해 볼 수 있는 재미난 활동들로 구성되어 있습니다. 지시에 따라서 다양하게 활동해 보세요. 선 긋기, 올바르게 말하는 친구 찾기 등의 활동을 통해 상황에 적절하게 말하는 능력을 길러 주세요. 체크리스트는 작게 오려서 지니고 다니면서 직접 해당 상황에서 도움을 받을 수 있도록 하시면 좋습니다. 이야기들은 함께 읽어 보면서 아이가 어떤 상황에서 어떻게 활동하면 좋을지를 함께 생각해 보세요. 지나치게 공부하는 느낌이 들지 않도록 진행해 주세요.

7 역할극 스크립트

주제에 맞게 적절한 대화 상황을 스크립트 형식으로 제시하였습니다. 아이들이 미리 그 상황에 대해서 생각해 보고 상황에 적절하게 대화하는 법을 연습하는 것을 통해 사회성을 기를 수 있도록 구성하였습니다. 아이와 성인이 번갈아 가며 역할극을 재미있게 해 보세요. 아래 있는 빈칸을 채우며 적절한 말뿐 아니라 제스처나 표정 같은 비언어적인 단서도 알아볼 수 있는 시간을 가지도록 도와주세요. 역할극에 사용할 수 있는 손인형을 부록에 제공합니다.

8 만약 이런 상황이면 어떻게 할래?

아이가 사회 속에서 접하게 될 만한 다양한 상황들을 제시했습니다. 아이가 상황을 이해하고, 어떤 생각이 들지, 어떤 말과 행동을 할 것인지를 미리 생각해 보게 도와주세요. 먼저 공부해 본 상황을 접하게 될 때 아이는 덜 당황하게 되고 더 지혜롭게 행동하게 됩니다. 그림을 따로 잘라 카드로 만들어 쓰셔도 좋습니다. 아이에게 그림을 보여 주며 상황질문을 주시고 다양한 해결 방법을 떠올려 보도록 도와주세요. 필요하다면 직접 역할극을 해 보셔도 좋습니다.

9 빈칸 만화 만들기

만화 내용을 생각하며 그대로 다시 구성해 보아도 좋고 아니면 새로운 이야기를 생각해 내도 좋습니다. 어떤 생각과 행동, 그리고 말이 적절할지를 스스로 떠올리게 해 주세요. 미리 말풍선을 채워 주시고 어떤 생각으로 그렇게 말을 했는지를 찾아보게 하시는 것도 매우 재미있습니다. 아이들은 자신의 생각을 어떻게 표현해야 할지도 어려워하지만, 타인의 말을 듣고 타인이 어떤 생각을 하고 있는지를 파악하는 것도 어려워하므로 아이의 필요에 따라 지도해 주세요.

10 보너스 페이지/ 담벼락에 낙서하기/ 답

만화 내용을 생각하며 총정리 및 마무리를 할 수 있게 담벼락에 낙서해 보는 활동을 구성하였습니다. 아이가 진짜 낙서를 하듯 그림이나 글씨를 쓰면서 이야기에서 배운 내용들을 정리해 보도록 도와주세요. 또한 아이들이 머리를 식힐 수 있게 다양하고 재미난 내용들로 구성하였으니 아이들이 재미있게 완성해 볼 수 있도록 노와주세요. 이 페이지 하단에는 객관식 문제의 답이 소개되어 있으므로 아이가 답안을 먼저 보고 문제를 풀지 않도록 지도해 주세요.

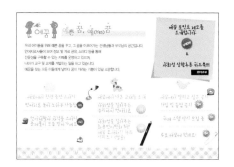

더 궁금한 점이 있으시거나 도움말이 필요하시다면, 언제든지 주저 말고 예꿈까페를 찾아 주세요. 예꿈까페는 예쁜 꿈을 꾸고 그 꿈을 이루어가는 언어치료사, 선생님, 부모님들이 모여 정보 및 자료 공유, 스터디 등을 통해 전문성을 구축해 가는 공동체랍니다.

http://cafe.naver.com/jdreamchildren

나랑 같이 놀 사람

민호는 점심시간에 점심을 빨리 먹고
교실로 돌아왔어요.
수업 시간까지는 아직 10분이 남아서
그동안 카드 짝 맞추기 놀이를 하고 싶어요.
교실에는 이미 점심을 먹고 온 친구들이
삼삼오오 모여서 놀이를 시작했어요.
민호는 수호에게 같이 놀자고 했지만
수호는 독서를 하고 싶었어요.
민호는 다른 친구들에게 같이 놀지 물어봤어요.

다음 만화를 읽고 빈 말풍선을 채워 보세요.

문제 풀기

만화 내용을 기억하며 다음 질문에 답해 보세요.

1. 민호는 수호랑 같이 카드 짝 맞추기 놀이를 하고 싶어요. 민호는 수호에게 어떻게 말하는 것이 가장 좋을까요?

① 너는 책을 읽고 싶구나~

② 다음 수업은 무슨 과목이야?

③ 니가 정 원한다면 같이 놀아 줄게.

④ 같이 카드 짝 맞추기 할래?

⑤ 카드 짝 맞추기 안 끼워 줄 거지롱~

1-1. 정답이 아닌 네 가지 말은 왜 옳지 않은지 이유를 말해 보세요.

1-2. 내가 민호라면 뭐라고 말할까요?

2. 민호가 수호에게 같이 놀자고 했지만, 수호는 책을 읽고 싶어요. 수호는 민호에게 어떻게 말하는 것이 가장 좋을까요?

① 그래. 같이 놀자.

② 죄송합니다.

③ 미안한데 난 책 읽고 싶어서~ 다음에 놀자.

④ 넌 책 좀 읽어라. 맨날 노냐?

⑤ 이천 원 주면 놀아 주지.

2-1. 정답이 아닌 네 가지 말은 왜 옳지 않은지 이유를 말해 보세요.

2-2. 내가 수호라면 어떻게 말을 할지 적어 보세요.

----

3. 민호는 카드 짝 맞추기를 하고 싶은 친구들이 있는지 큰 소리로 물어보기로 했어요. 뭐라고 말하는 것이 가장 좋을까요?

우리 할래!

① 카드 짝 맞추기 놀이 할 사람?

② 누가 먼저 손들래?

③ 나도 끼워 줘.

④ 모두들 재밌게 놀아라!

⑤ 얘들아, 밥 맛있게 먹어.

3-1. 정답이 아닌 네 가지 말은 왜 옳지 않은지 이유를 말해 보세요.

3-2. 내가 민호라면 어떻게 말을 할지 적어 보세요.

생각 더하기

만화의 내용들을 회상하며 생각을 키워 봅시다.

1. 아래의 단어들을 넣어서 민호의 이야기를 다시 말해 보세요. 이야기에 사용한 단어에는 X표를 해 보세요. 다 했다면 이야기를 요약하여 다시 써 보세요.

----

2. 같이 놀 친구들을 찾는 시간을 생각해 보면서 다음 질문에 답해 보세요.

1) 친구들과 같이 놀 때 기분이 어떤가요?

----

2) 친구들과 같이 놀 때의 좋은 점, 싫거나 걱정되는 점을 생각해 보세요.

----

3) 친구들에게 나랑 같이 놀자고 하고 싶을 때 할 수 있는 말들을 생각해 보세요.

----

4) 친구들과 같이 논 시간은 어땠나요? 기억에 남는 일을 말해 보세요.

한 걸음 더

친구에게 같이 놀자고 말하고 싶어요. 어떤 생각이 들고 또 어떻게 말로 표현해야 할까요? 아래의 내용을 잘 읽고 좋은 생각과 말에는 O에, 나쁜 생각과 말에는 X에 표시하세요.

친구는 내가 놀자고 말하면 당연히 나랑 놀아 줘야 해요.
그러니까 친구에게 "나랑 놀아!"라고 명령해요.

친구가 지금 무엇을 하는 중인지 살펴봐요.
친구가 중요한 일을 하고 있을 때에는
내가 같이 놀자고 말하면 방해가 될 수 있어요.

친구가 슬퍼하거나 눈물을 흘리고 있으면
기분을 풀어 주기 위해 술래잡기를 하는 것이 좋아요.
친구가 싫다고 해도 억지로 놀자고 해요.

친구가 나랑 즐겁게 놀이할 수 있게
웃으면서 "같이 놀자."라고 말해요.

친구가 지금은 놀고 싶지 않다고 말하면,
"왜 안 놀아 줘~"라고 말하며 울고 짜증을 내요.

지금 친구의 기분이 어떤지 살펴봐요.
친구가 선생님께 혼나서 속상해하거나,
다른 친구와 싸워서 화가 나 있을 때에는
친구의 기분이 풀릴 때까지 기다릴 수 있어요.

역할극 대본

다음 대화를 보고 손인형으로 역할극을 해 보세요.

대본을 읽고 내가 배우가 된 것처럼 말해 보세요.

> 아영: (명랑한 말투로) 석훈아, 같이 보드게임 할래?
>
> 석훈: 무슨 보드게임?
>
> 아영: 나라랑 도시 만드는 거야.
>
> 석훈: 재밌겠다. 나도 같이 하고 싶은데 아직 숙제를 다 못했어.
>
> 아영: (아쉬운 표정으로) 그래? 그럼 할 수 없지.
>
> 석훈: 숙제 다 끝내면 같이할게.
>
> 아영: 알았어. 열심히 해.
>
> 석훈: 응, 고마워.

빈칸을 채워서 대본을 말해 보세요.

> 나: (공을 들고 와서) _____.
>
> 친구: 공놀이? 그럼 밖에 나가야 되잖아.
>
> 나: 응, 아직 시간 많으니까 나가서 놀 수 있어.
>
> 친구: (_____) 지금은 밖에 안 나가고 싶은데…….
>
> 나: 왜? 날씨도 좋은데 나가서 놀자~
>
> 친구: 오늘 말고 다음에 같이할게.
>
> 나: (아쉬워하는 표정을 지으며) _____.
>
> 친구: 미안해.

만약에 이런 일이

만약에 이런 일이 일어난다면 나는 어떻게 할까요?

다음 상황을 읽고 빈칸을 채워서 문장을 만들어 읽어 보세요.

쉬는 시간에 친구들이 모여서 딱지치기를 해요.
나도 같이 딱지치기를 하고 싶어요.

그러면 나는 ＿＿＿＿＿＿＿＿＿＿＿ 생각이 날 것 같아요.

＿＿＿＿＿＿＿＿＿＿＿ 기분이 들 것 같아요.

그리고 나는 ＿＿＿＿ 표정으로 "＿＿＿＿＿＿＿＿＿＿"라고 말할 거예요.

그리고 이런 행동을 할 거예요. ＿＿＿＿＿＿＿＿＿＿＿＿

19

배운 내용을 생각하며 만화 내용을 채워 보세요.

두 그림의 서로 다른 점을 찾아 표시하고 말해 보세요.

12쪽 문제 1번: ④ 같이 카드 짝 맞추기 할래?

12쪽 문제 2번: ③ 미안한데 난 책 읽고 싶어서~(후략)

13쪽 문제 3번: ① 카드 짝 맞추기 놀이 할 사람?

규칙을 알려 줘

민호와 성모, 태균, 예꿈이는 함께
카드 짝 맞추기 게임을 하기로 했어요.
카드 짝 맞추기 게임은
뒤집힌 여러 개의 카드 중에
두 장을 뒤집어서 똑같은 그림의
카드 쌍을 찾는 게임이에요.
민호가 게임을 시작하자고 하자
태균이는 게임하는 방법을 모른다고 해요.

다음 만화를 읽고 빈 말풍선을 채워 보세요.

문제 풀기

1. 태균이는 게임하는 방법을 잘 몰라요. 게임을 시작하자는 민호에게 태균이가 할 말로 가장 좋은 말은 무엇일까요?

① 좋아! 다 이겨 주겠어!

② 난 안 할래. 너네끼리 해.

③ 이건 불공평해.

④ 나 게임 방법 좀 설명해 줘.

⑤ 니가 그렇게 말하면 난 너무 서운해.

1-1. 정답이 아닌 네 가지 말은 왜 옳지 않은지 이유를 말해 보세요.

1-2. 내가 태균이라면 어떻게 말할까요?

2. 민호가 태균이에게 규칙을 설명해 주려고 해요. 다음 중 민호가 할 말로 가장 좋은 말은 무엇일까요?

① 넌 그것도 모르니?

② 카드를 뒤집어서 같은 그림을 찾는 게임이야.

③ 술래가 된 친구는 다른 친구를 잡아서 술래를 넘겨줘야 돼.

④ 그럼 넌 구경해.

⑤ 백 원씩 걸고 가장 높은 숫자의 카드를 낸 사람이 갖는 거야.

2-1. 정답이 아닌 네 가지 말은 왜 옳지 않은지 이유를 말해 보세요.

2-2. 내가 민호라면 어떻게 말을 할지 적어 보세요.

----

3. 성모는 5쌍의 짝 카드를 찾는 사람이 이기는 것으로 규칙을 정하자고 말했어요. 그런데 민호가 시계를 보니 점심시간이 얼마 안 남았어요. 민호는 성모에게 뭐라고 말하는 것이 가장 좋을까요?

① 그럼 10쌍을 찾는 건 어때?
② 규칙은 규칙이야!
③ 너는 시계도 못 읽냐?
④ 그거 좋은 생각이야!
⑤ 점심시간이 얼마 안 남았는데, 3쌍만 찾는 건 어때?

3-1. 정답이 아닌 네 가지 말은 왜 옳지 않은지 이유를 말해 보세요.

3-2. 내가 민호라면 어떻게 말을 할지 적어 보세요.

만화의 내용들을 회상하며 생각을 키워 봅시다.

1. 아래의 단어들을 넣어서 민호가 규칙을 설명한 이야기를 다시 말해 보세요. 이야기에 사용한 단어에는 X표를 해 보세요. 다 했다면 이야기를 요약하여 다시 써 보세요.

----

2. 친구들과 게임하는 시간을 생각해 보면서 다음 질문에 답해 보세요.

1) 게임을 할 때 규칙을 정하면 좋은 점은 무엇인가요?

----

2) 규칙을 모르는 게임을 하면 싫거나 걱정되는 점은 무엇인가요?

----

3) 내가 좋아하는 게임 한 가지를 생각해서 규칙을 설명해 보세요.

----

4) 친구들과 함께 놀 게임의 규칙을 정할 때 어땠나요? 기억에 남는 일을 말해 보세요.

한 걸음 더

1. 친구들이 잘 이해할 수 있도록 다음 게임의 규칙을 알아보고 설명해 보세요.

가위바위보는 이렇게 하는 거야.

몇 명이서 하는 게임이야?

언제 하는 게임이야?

어떻게 하는 게임이야?

어떻게 하면 이기는(지는) 거야?

술래잡기는 이렇게 하는 거야.

몇 명이서 하는 게임이야?

어디서 하는 게임이야?

어떻게 하는 게임이야?

술래는 누가 하는 거야?

어떻게 하면 이기는(지는) 거야?

2. 다음 놀이 중 하나를 골라서 어떤 규칙이 필요한지 조사해 보세요.

> 공기놀이, 땅따먹기, 구슬치기, 한 발 뛰기, 고무줄 놀이,
> 숨바꼭질(꼭꼭 숨어라), 무궁화 꽃이 피었습니다

게임을 하려면 몇 명이 필요한가요?

이 게임을 하려면 어떤 준비물이 필요한가요?

이 게임의 규칙은 어떤 것인가요?

이 게임은 어떻게 하면 이기는 것인가요?

위의 내용을 넣어서 이 게임에 대해 이야기해 보세요.

역할극 대본

다음 대화를 보고 손인형으로 역할극을 해 보세요.

대본을 읽고 내가 배우가 된 것처럼 말해 보세요.

 이안: 같이 구슬치기 할래?

 하준: 우와~ 구슬이다! 어떻게 하는 건데?

 이안: (구슬 세 개를 나란히 놓은 다음) 자기 구슬로 여기 가운데 구슬을 맞추는 사람이 이기는 거야.

 하준: 음…… 말로만 들어서는 잘 모르겠는데…….

 이안: 그럼 내가 한 번 보여 줄게.

 하준: (이안이의 시범을 본 후) 아, 그렇게 하는 거구나. 재밌겠다.

 이안: 같이 해 볼래?

 하준: 그래, 좋아!

빈칸을 채워서 대본을 말해 보세요.

 나: ＿＿＿＿＿＿＿＿＿＿＿＿＿＿＿＿＿＿＿？

 친구: 나 그거 잘 모르는데…….

 나: 괜찮아. 내가 가르쳐 줄게.

 친구: 아, 조금 알겠다.

 나: 그러면 너는 처음해 보는 거니까 연습 게임 해 보자.

 친구: 그래. (연습 게임 후) 이제 어떻게 하는지 알겠어.

 나: 그러면 이제 진짜 시작한다~ ＿＿＿＿＿＿＿＿＿＿＿？

 친구: 가위바위보로 순서를 정하자.

만약에 이런 일이

만약에 이런 일이 일어난다면 나는 어떻게 할까요?

다음 상황을 읽고 빈칸을 채워서 문장을 만들어 읽어 보세요.

친구와 같이 게임을 하는데
친구가 게임 방법을 설명해 줘도
나는 무슨 소린지 잘 모르겠어요.

그러면 나는 ＿＿＿＿＿＿＿＿＿ 생각이 날 것 같아요.

＿＿＿＿＿＿＿＿＿＿＿ 기분이 들 것 같아요.

그리고 나는 ＿＿＿＿＿ 표정으로 "＿＿＿＿＿＿＿＿＿＿＿"라고 말할 거예요.

그리고 이런 행동을 할 거예요. ＿＿＿＿＿＿＿＿＿＿＿＿＿

배운 내용을 생각하며 만화 내용을 채워 보세요.

정답 및 쉬어 가는 페이지

배운 내용을 생각하며 생각나는 대로 낙서해 보세요.

24쪽 문제 1번: ④ 나 게임 방법 좀 설명해 줘.
24쪽 문제 2번: ② 카드를 뒤집어서 같은 그림을 찾는 게임이야.
25쪽 문제 3번: ⑤ 점심시간이 얼마 안 남았는데,(후략)

규칙 좀 지켜!

친구들은 게임을 시작했어요.

그런데 성모가 규칙을 어겼어요.

원래는 한 번에 카드 두 장만 넘기는 것이

규칙인데 성모는 자기가 넘긴 카드가

쌍이 아닌 것을 보더니

한 장을 더 넘겨서 세 장을 넘겼어요.

민호는 성모가 규칙을 어긴 것을 보았어요.

다음 만화를 읽고 빈 말풍선을 채워 보세요.

문제 풀기

만화 내용을 기억하며 다음 질문에 답해 보세요.

1. 민호는 게임을 시작하려고 해요. 순서를 정하려고 하는데 뭐라고 말하면 좋을까요?

① 내가 먼저 해야 돼! 아니면 안 해!

② 공부 잘하는 친구가 먼저 하자!

③ 게임 정말 재미있었지?

④ 두 장만 넘겨야 돼!

⑤ 누가 먼저 할지 가위바위보 하자.

1-1. 정답이 아닌 네 가지 말은 왜 옳지 않은지 이유를 말해 보세요.

1-2. 내가 민호라면 어떻게 말을 할지 적어 보세요.

2. 성모는 규칙을 어겼어요. 민호가 그것에 대해서 지적했어요. 그리고 성모는 민호와
   친구들에게 미안해졌어요. 다음 중 두 사람의 대화로 가장 알맞은 것을 고르세요.

① A: 짜증나! 너 아웃이야.　　　　　　　B: 고마워.

② A: 너랑 다시 게임 안 할 거야.　　　　　B: 나도 너랑 게임 안 할 거야!

③ A: 성모야, 규칙을 어기면 어떡해!　　　B: 메롱메롱~ 약오르지롱~

④ A: 카드를 세 장이나 뒤집었잖아.　　　B: 그럼 규칙을 바꾸면 되잖아.

⑤ A: 카드는 두 장만 뒤집어야지.　　　　B: 미안해. 다음부터는 안 그럴게.

2-1. 정답이 아닌 네 가지 말은 왜 옳지 않은지 이유를 말해 보세요.

2-2. 내가 성모라면 어떻게 말을 할지 적어 보세요.

생각 더하기

만화의 내용들을 회상하며 생각을 키워 봅시다.

1. 아래의 단어들을 넣어서 성모가 규칙을 어긴 이야기를 다시 말해 보세요. 이야기에 사용한 단어에는 X표를 해 보세요. 다 했다면 이야기를 요약하여 다시 써 보세요.

----

2. 친구들과 게임하는 시간을 떠올리면서 다음 질문에 답해 보세요.

1) 게임을 할 때 규칙을 지키면 좋은 점은 무엇인가요?

----

2) 규칙을 지키지 않는 친구에게 할 수 있는 말들을 생각해 보세요.

----

3) 내가 실수로 규칙을 지키지 못했을 때 친구들에게 할 수 있는 말들을 생각해 보세요.

----

4) 나는 규칙을 어겨 본 적이 있나요? 아니면 친구가 규칙을 어긴 적이 있었나요? 기억에 남는 일을 말해 보세요.

한 걸음 더

다음 분홍색 칸의 내용은 게임을 할 때 만날 수 있는 상황이에요. 연결된 두 가지 경우 중 게임 규칙을 잘 지킨 경우를 골라서 동그라미 안에 색칠해 보세요.

나도 이기고 싶은데 친구가 너무 잘해서 내가 자꾸만 져요.

반칙을 써서라도 꼭 이겨요.

끝까지 최선을 다하고, 그래도 진다면 멋있게 친구를 축하해 줘요.

친구와 서로의 카드 맞추기 게임을 하는데 친구의 카드가 나에게 살짝 보였어요.

친구에게 카드가 보였다고 말하고 다시 해요.

모른 척하고 친구의 카드를 맞춰서 이겨요.

주사위 게임에서 내가 주사위를 던졌는데 내가 원하는 숫자가 안 나왔어요. 그런데 친구가 못 봤어요.

그냥 내가 원하는 숫자가 나왔다고 속여요.

속상하지만 솔직히 말해요.

주사위를 잘못 던져서 아깝게 함정에 빠져 버리게 생겼어요.

실수라고 말하고 다시 던져요.

어쩔 수 없이 함정에 가요.

친구가 정한 규칙이 나는 마음에 안 들어요.

친구에게 규칙을 바꾸자고 말해 봐요.

알겠다고 말하고 규칙을 어겨 버려요.

규칙을 잘 지키는 것은 왜 중요할까요?

친구들은 게임 규칙을 지켜야 하는 이유에 대해서 여러 가지 생각을 가지고 있어요.
나는 어떻게 생각하나요? 친구들의 이야기를 읽고 내 생각도 써 보세요.

규칙이 없으면 모두들
하고 싶은 대로만 하니까
말다툼을 할 수도 있잖아.
규칙을 정하면
모두가 정정당당하고
재미있게 게임을 할 수 있어.

같은 장난감으로도
여러 가지 규칙을 정해 보면
다양한 게임을 만들어 놀 수 있어.

친구가 반칙해서 이기면
나는 억울하게 지는 거니까
화가 많이 날 거야.
그러니까 서로
규칙을 잘 지켜야 해.

내 생각은

역할극 대본

대본을 읽고 내가 배우가 된 것처럼 말해 보세요.

 정우: (다빈이가 주사위를 두 번 굴리는 것을 보고) 주사위는 한 번만 굴리는 거야.

 다빈: (정우의 말을 못 들은 척하며) 우와~ 6이다! 앗싸, 여섯 칸!

 정우: 다빈아, 너 주사위 두 번 굴렸잖아.

 다빈: (부끄러운 표정으로) 어…… 봤어?

 정우: 규칙을 지켜야지.

 다빈: 미안해. 이제 안 그럴게.

 정우: 그럼 주사위 다시 굴려.

 다빈: 그래, 알았어.

빈칸을 채워서 대본을 말해 보세요.

 나: (친구가 카드를 한 장 뒤집어야 하는데 두 장 뒤집은 것을 보고)

    ————————————————————————————.

 친구: (모르는 일이라는 듯이) 내가 뭘?

 나: 너 두 장 뒤집는 거 내가 봤어.

 친구: (————————————) 뭐 그게 어때서.

 나: 니가 규칙을 안 지키면, ————————————————.

 친구: 그래. 알았어 미안해.

 나: 이제부터 규칙을 잘 지켜줘.

 친구: 응! 알겠어.

만약에 이런 일이

만약에 이런 일이 일어난다면 나는 어떻게 할까요?

다음 상황을 읽고 빈칸을 채워서 문장을 만들어 읽어 보세요.

친구들과 모여서 주사위 게임을 했어요.
그런데 한 친구가 주사위를 잘못 굴렸다며
한 번 더 굴리겠다고 우겼어요.

그러면 나는 ----------------------- 생각이 날 것 같아요.

----------------------- 기분이 들 것 같아요.

그리고 나는 ----------- 표정으로 " ----------------------------- "라고 말할 거예요.

그리고 이런 행동을 할 거예요. -----------------------------------

배운 내용을 생각하며 만화 내용을 채워 보세요.

정답 및 쉬어 가는 페이지

배운 내용을 생각하며 생각나는 대로 낙서해 보세요.

다음 만화의 빈칸을 채우고 마지막 장면을 재미있게 그려서 이야기를 꾸며보세요.

36쪽 문제 1번: ⑤ 누가 먼저 할지 가위바위보 하자.
37쪽 문제 2번: ⑤ A: 카드는 두 장만 뒤집어야지.
　　　　　　　　 B: 미안해. 다음부터는 안 그럴게.

나도 끼워 줄래?

수호는 독서를 하려고
민호가 게임을 하자고 했을 때 거절했어요.
하지만 친구들이 재미있게
게임하는 것을 보니까 같이하고 싶어졌어요.
수호는 민호에게 게임에 끼워 줄 수 있는지 물어봤어요.
하지만 이미 게임이 진행 중이라,
게임에서 이기고 있는 성모는
수호가 같이하면 방해가 될까 봐
좀 고민이 되었어요.

다음 만화를 읽고 빈 말풍선을 채워 보세요.

문제 풀기

만화 내용을 기억하며 다음 질문에 답해 보세요.

1. 수호는 친구들과 함께 게임을 하고 싶어요. 수호는 친구들에게 뭐라고 말하는 것이 가장 좋을까요?

① 너네끼리만 놀면 재밌냐?

② 나랑 같이 술래잡기 할 사람?

③ 조금 조용히 해 줘!

④ 너네들 나 안 끼워 주면 선생님께 이를 거야.

⑤ 얘들아~ 나도 좀 끼워 줘~

2. 성모는 수호가 들어오는 것은 좋지만, 지금 게임을 이기고 있어서 다시 처음부터 시작하는 것은 싫어요. 성모는 친구들에게 어떻게 말하는 것이 가장 좋을까요?

① 그냥 무시하면 안 될까?

② 수호가 들어오면 다시 시작하자!

③ 아직 게임이 안 끝났으니까, 수호한테 지금은 보고 있다가 다음 게임부터 같이하자고 하는 게 어떨까?

④ 수호 들어오면 난 안 해!

⑤ 수호는 좀 눈치가 없다. 그치? 그냥 싫다고 말해 버려~

2-1. 정답이 아닌 네 가지 말은 왜 옳지 않은지 이유를 말해 보세요.

2-2. 내가 성모라면 어떻게 말을 할지 적어 보세요.

----

3. 성모는 지금 게임을 시작했으니, 이번 게임이 끝나고 다음 게임부터 수호를 끼워 주는 것이 좋다고 해요. 민호는 수호에게 어떻게 말하는 것이 좋을까요?

① 미안해! 우리끼리만 놀래!

② 물론이지~ 빨리 와!

③ 그래! 그런데 이번 게임 끝날 때까지 좀 기다려 줘~

④ 너 게임 규칙 알아?

⑤ 독서는 다 했어?

3-1. 정답이 아닌 네 가지 말은 왜 옳지 않은지 이유를 말해 보세요.

3-2. 내가 민호라면 어떻게 말을 할지 적어 보세요.

생각 더하기

만화의 내용들을 회상하며 생각을 키워 봅시다.

1. 아래의 단어들을 넣어서 민호의 카드 게임 이야기를 다시 말해 보세요. 이야기에 사용한 단어에는 X표를 해 보세요. 다 했다면 이야기를 요약하여 다시 써 보세요.

----

2. 친구들과 게임하는 시간을 떠올리면서 다음 질문에 답해 보세요.

1) 놀이 중간에 친구가 끼워 달라고 하면 기분이 어떤가요?

----

2) 친구들이 게임을 할 때 나를 끼워 주지 않으면 기분이 어떤가요?

----

3) 이미 놀이를 시작해서 내가 이기고 있는데 갑자기 끼워 달라고 하는 친구에게 할
   수 있는 말들을 생각해 보세요.

----

4) 친구들이 나를 놀이에 끼워 줬을 때 어땠나요? 기억에 남는 일을 말해 보세요.

한 걸음 더

1. 친구가 한 말에는 친구의 생각이 담겨 있어요. 친구의 말을 읽고 친구가 어떤 생각을 하고 있을지 연결해 보세요.

친구는 이렇게 말해요

친구는 이렇게 생각해요

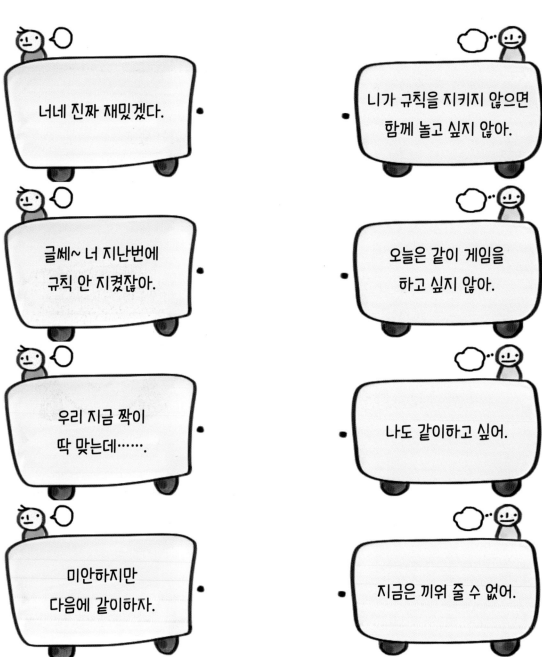

2. 내가 게임 규칙을 안 지키면 어떤 일이 일어날까요? 친구들의 의견을 들어 보고 내 생각도 적어 보세요.

규칙을 잘 지키지 않는 친구와
게임을 하고 싶지 않아.
다음 번에 또 함께 놀이하게 된다면
나는 다른 친구들과 팀을 할 거야.

규칙을 안 지키는 친구와 게임을 하면
너무 재미가 없고
자꾸 우기니까 기분이 나빠져!

난 규칙을 안 지키는 친구는
믿을 수 없다고 생각해.
규칙도 안 지키니까
나와의 약속도 어길지 몰라.
그런 친구는 믿을 수 없을 거야!

내 생각은

역할극 대본

다음 대화를 보고 손인형으로 역할극을 해 보세요.

대본을 읽고 내가 배우가 된 것처럼 말해 보세요.

 한솔: 너네 카드게임 해?

 민기: 응. (우쭐한 표정으로) 내가 지금 이기고 있어.

 한솔: 재밌겠다. 나도 끼워 줘.

 민기: 좋아~ 우리 곧 끝나니까 다음 판에 들어와.

 한솔: (신나는 말투로) 그래, 알았어.

 민기: 너 이 게임 어떻게 하는지 알아?

 한솔: 대충 알아.

 민기: 그럼 이번 판 보면서 조금만 기다려~

빈칸을 채워서 대본을 말해 보세요.

 나: 우와! 재밌겠다~ 나도 할래!

 친구: 이번 판은 우리끼리 시작해서 못 끼워 주겠다.

 나: _____ .

 친구: 그래~ 이번 판 끝나면 너도 들어와~

 나: 근데 나 하는 방법을 모르는데…….

 친구: 그러면, _____ .

 나: (_____) 응, 알겠어!

 친구: 이번 판 구경하면서 어떻게 하는지 잘 봐~

만약에 이런 일이

만약에 이런 일이 일어난다면 나는 어떻게 할까요?

다음 상황을 읽고 빈칸을 채워서 문장을 만들어 읽어 보세요.

친구랑 재미있게 딱지치기를 하고 있었어요.
그런데 나랑 친하지 않은 친구가 와서
같이하고 싶다고 말했어요.

그러면 나는 _____ 생각이 날 것 같아요.

_____ 기분이 들 것 같아요.

그리고 나는 _____ 표정으로 " _____ "라고 말할 거예요.

그리고 이런 행동을 할 거예요. _____

55

배운 내용을 생각하며 만화 내용을 채워 보세요.

정답 및 쉬어 가는 페이지

배운 내용을 생각하며 생각나는 대로 낙서해 보세요.

48쪽 문제 1번: ⑤ 얘들아~ 나도 좀 끼워 줘~
48쪽 문제 2번: ③ 아직 게임이 안 끝났으니까,(후략)
49쪽 문제 3번: ③ 그래! 그런데 이번 게임 끝날 때까지(후략)

이긴 친구와 진 친구

게임에서 성모가 이겼어요.

성모는 카드 뒤집기를 정말 잘해요.

민호는 아쉽게 2등을 했어요.

그런데 민호와 공동 2등을 한

태균이가 갑자기 울기 시작했어요.

태균이는 항상 1등만 하는 친구라서

성모에게 진 것이 정말 속상한가 봐요.

민호는 태균이를 위로해 주었어요.

만화 읽기

다음 만화를 읽고 빈 말풍선을 채워 보세요.

문제 풀기

만화 내용을 기억하며 다음 질문에 답해 보세요.

1. 성모가 게임에서 이겼어요. 민호는 성모를 축하하고 칭찬해 주고 싶어요. 민호는 성모에게 뭐라고 말하면 좋을까요?

① 축하해! 너 정말 잘한다~

② 그래도 넌 공부를 못 하잖아.

③ 그 정도는 누구라도 하겠다.

④ 우와~ 좋겠다! 나도 좀 줘.

⑤ 말도 안 돼! 게임 다시 하자!

1-1. 정답이 아닌 네 가지 말은 왜 옳지 않은지 이유를 말해 보세요.

1-2. 내가 민호라면 어떻게 말을 할지 적어 보세요.

----

2. 태균이는 이기지 못해서 속상해요. 민호는 태균이를 격려하고 위로해 주고 싶어요.
   뭐라고 말하는 것이 좋을까요?

① 울보래요~ 울보래요~

② 괜찮아~ 다음에 이기면 되지!

③ 머리가 나쁘면 게임도 못 해.

④ 공부나 열심히 해! 쓸데없는 거에 신경
   쓰지 말고.

⑤ 카드 짝 맞추기는 정말 쉬워.

2-1. 정답이 아닌 네 가지 말은 왜 옳지 않은지 이유를 말해 보세요.

2-2. 내가 민호라면 어떻게 말해 줄까요?

3. 게임에서 지거나 시험 문제를 틀렸을 때, 태균이처럼 울거나 떼를 쓴다면 친구들은
   어떤 생각을 할까요?

① 태균이는 정말 멋있다.

② 1등을 하지 못하다니 바보 같아.

③ 1등을 못 해도 괜찮다고 하면 좋을 텐데.
   태균이랑 게임하기 싫어.

④ 난 앞으로 꼭 태균이랑 놀아야지!

⑤ 태균이랑 친하게 지내고 싶어.

생각 더하기

만화의 내용들을 회상하며 생각을 키워 봅시다.

1. 아래의 단어들을 넣어서 성모와 태균이의 이야기를 다시 말해 보세요. 이야기에 사용한 단어에는 X표를 해 보세요. 다 했다면 이야기를 요약하여 다시 써 보세요.

----

2. 게임에서 이겼을 때와 졌을 때를 떠올리면서 다음 질문에 답해 보세요.

1) 게임에서 이기면 좋은 점은 무엇인가요?

----

2) 게임에서 지면 싫거나 걱정되는 점은 무엇인가요?

----

3) 게임에서 이겨서 기뻐하는 친구에게 할 수 있는 말들을 생각해 보세요.

----

4) 게임에서 이겼을 때 어땠나요? 또는 졌을 때는 어떻게 했나요? 기억에 남는 일을
   말해 보세요.

내가 게임에서 이겼어요. 다른 친구가 나에게 이렇게 말했다면, 나는 어떻게 대답하는 것이 좋을까요?

우와, 너 정말 짱이다!
어떻게 이렇게 잘해?
나도 알려 줘~

축하해!
우리 게임 한 번 더 할까?

친구가 게임에서 이겼어요. 게임에서 이긴 친구에게 축하의 말을 해 주고 싶어요. 뭐라고 말하는 것이 좋을까요?

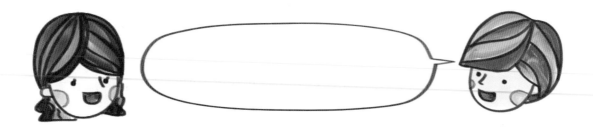

친구가 게임에서 졌어요. 친구가 속상해하면서 이렇게 말했다면, 나는 뭐라고 말해 주는 것이 좋을까요?

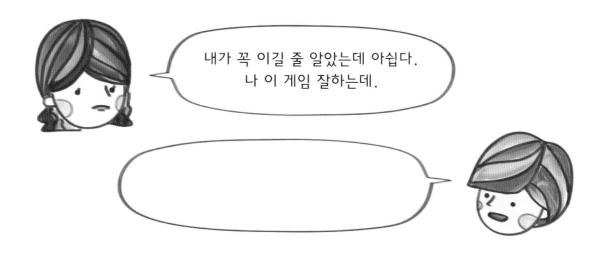

내가 꼭 이길 줄 알았는데 아쉽다.
나 이 게임 잘하는데.

내가 게임에서 졌어요. 속상해하는 나에게 친구가 이런 말을 한다면, 나는 뭐라고 말해 주는 것이 좋을까요?

속상하겠다~
이번 판은 좀 어려웠어.

때때로 우리는 게임에서 이기기도 하지만 지기도 해! 늘 한 사람이 이기는 게임이라면 정말 재미가 없을 거야. 게임은 이기는 것보다는 친구들과 함께 재미있는 시간을 보내기 위해 하는 것이야! 진다고 해도 다음에 이기면 되니까 속상해하지 마! 가끔 져도 괜찮다고 하는 친구가 정말 멋있는 친구란다!

역할극 대본

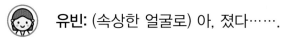

다음 대화를 보고 손인형으로 역할극을 해 보세요.

대본을 읽고 내가 배우가 된 것처럼 말해 보세요.

> 유빈: (속상한 얼굴로) 아, 졌다…….
>
> 도준: (하늘을 날듯 기쁜 목소리로) 앗싸, 이겼다!
>
> 유빈: 아, 아쉬워……. 이기고 싶었는데…….
>
> 도준: 이건 그냥 게임이잖아. 이길 수도 있고 질 수도 있지 뭐.
>
> 유빈: 맞아……. (다정하게 웃으며) 이겨서 좋겠다. 축하해.
>
> 도준: 고마워. 너도 너무 속상해하지 마.
>
> 유빈: 응, 알았어. 우리 한 번 더 할까?
>
> 도준: 그래, 좋아~

빈칸을 채워서 대본을 말해 보세요.

> 나: (아쉬운 말투로) 아…… 졌네…….
>
> 친구: (신이 나서 들썩거리며) 오예! 또 이겼지롱~
>
> 나: 너 진짜 잘한다. _____.
>
> 친구: 고마워. 이번에는 운이 좋았어.
>
> 나: 나도 이기고 싶은데…….
>
> 친구: _____.
>
> 나: 응, 고마워. _____.
>
> 친구: 그래. 좋아!

만약에 이런 일이

만약에 이런 일이 일어난다면 나는 어떻게 할까요?

다음 상황을 읽고 빈칸을 채워서 문장을 만들어 읽어 보세요.

아쉽게 내가 게임에서 졌어요.
그런데 친구가 게임을 못한다고 나를 놀렸어요.

그러면 나는 _____ 생각이 날 것 같아요.

_____ 기분이 들 것 같아요.

그리고 나는 _____ 표정으로 "_____"라고 말할 거예요.

그리고 이런 행동을 할 거예요. _____

배운 내용을 생각하며 만화 내용을 채워 보세요.

정답 및 쉬어 가는 페이지

 친구를 칭찬하거나 위로할 때 어떻게 말할까요?

친구들과 게임을 하면서 일어날 수 있는 일들을 생각해 보세요.
다음 상황에서 친구를 칭찬하거나 위로하고 싶어요.
어떤 말이 좋을까요? 알맞은 말을 찾아서 붙여 보세요.

한 친구가 계속
게임에서 이겨요.   풀   칠

내 옆의 친구가
게임에서 꼴등을 했어요.   풀   칠

우리 팀 친구가 잘해서
우리 팀이 이겼어요.   풀   칠

우리 팀 친구가 실수해서
우리 팀이 졌어요.   풀   칠

점선을 따라 잘라서 알맞은 곳에 붙이세요.

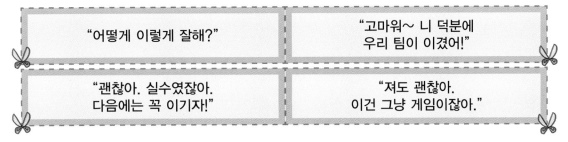

"어떻게 이렇게 잘해?"	"고마워~ 니 덕분에 우리 팀이 이겼어!"
"괜찮아. 실수였잖아. 다음에는 꼭 이기자!"	"저도 괜찮아. 이건 그냥 게임이잖아."

60쪽 문제 1번: ① 축하해! 너 정말 잘한다~
61쪽 문제 2번: ② 괜찮아~ 다음에 이기면 되지!
61쪽 문제 3번: ③ 1등을 못해도 괜찮다고 하면 좋을 텐데(후략)

저 자

이화여자대학교 대학원에서 언어병리학을 전공하였고, 현재는 임상에서 언어발달에 어려움을 겪고 있는 아동들을 만나고 있습니다. 아이들의 사회성과 화용언어에 특별한 관심을 가지고 연구하고 있습니다.

최소영

이화여자대학교 대학원에서 언어병리학을 전공하였습니다. 모든 아이들이 건강하게, 자유롭게, 행복하게 의사소통할 수 있는 세상을 소망하며, 의사소통에 어려움을 겪는 아이들을 교육하고 연구하는 일에 힘쓰고 있습니다.

허은경

공동저서로 『사회성을 길러주는 우리아이 언어치료』(김재리 · 조아라 · 최소영 · 허은경), 『어휘력을 길러주는 우리아이 언어학습』(김재리 · 최소영 · 허은경), 『사회적 상황추론 카드』(허은경 · 김재리 · 최소영), 『또박또박 재잘재잘 이야기 발음카드』(김재리 · 최소영 · 허은경)가 있으며, 언어치료사들과 부모님들의 나눔터인 예꿈카페를 운영하고 있습니다.

http://cafe.naver.com/jdreamchildren

손인형

손인형

가위로 오려서 사용해요

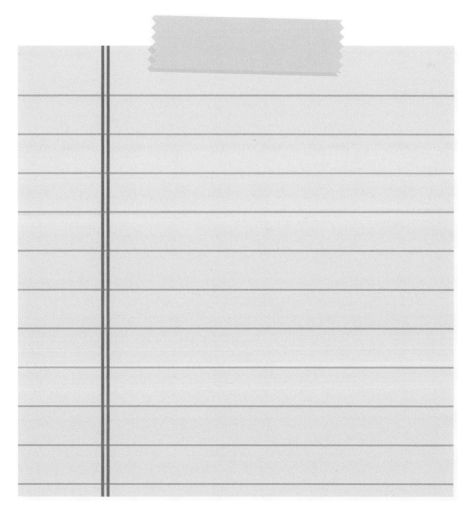

만화로 배우는

사회성 쑥쑥 화용언어 치료 5

초판 1쇄 발행 2015년 03월 27일
개정판 9쇄 발행 2024년 04월 30일

지은이 최소영 · 허은경
발행인 채종준

출판총괄 박능원
편집장 지성영
책임편집 이강임 · 신수빈
디자인 홍은표
마케팅 문선영 · 전예리
전자책 정담자리

브랜드 이담북스
주소 경기도 파주시 회동길 230 (문발동)
문의 ksibook13@kstudy.com

발행처 한국학술정보(주)
출판신고 2003년 9월 25일 제406-2003-000012호

ISBN 979-11-6603-368-1 14370
        979-11-6603-363-6 14370 (전5권)

이담북스는 한국학술정보(주)의 출판 브랜드입니다.
저작권법에 의해 한국 내에서 보호를 받는 저작물이므로 무단전재와 복제를 금지하며,
이 책의 내용의 전부 또는 일부를 이용하려면 반드시 한국학술정보(주)와 저작권자의
서면 동의를 받아야 합니다.